민병도 육필 단시조집

삶이 말

목언예원

삶이란

지은이 · 민병도
펴낸이 · 민병도
펴낸곳 · 목언예원

초판 인쇄 : 2021년 11월 25일
초판 발행 : 2021년 12월 1일

목언예원
출판등록 : 2003년 2월 28일 제8호
경북 청도군 금천면 선바위길 53 (신지2리 390-2)
전화 : 054-371-3544 (팩스겸용)
E-mail : mbdo@daum.net

ISBN 978-89-94733-04-3 03810

값 20,000원

민병도 육필 단시조집

삶이란

목언예원

▒ 시인의 말

단시조 가운데 골라 묶고, 내친김에 육필과 그림을 곁들인다. 갑작스럽게 마련된 기회라서 준비 없이 졸속으로 만드는 점이 못내 아쉽지만 다음에 보완하리라 다짐한다.

단시조는 시조의 본령이다. 자유시의 유입 이래 상대적으로 위축되어 마치 고시조의 전형으로 인식하기 쉬우나 시조의 정체성이 가장 두드러진 형식이다. 앞으로 새로운 시조의 시대를 꿈꾼다면 의당 단시조의 가치질서에 집중할 필요가 있으리라 믿는다.

전통의 필기구인 모필을 잡고 그림을 그려온 지 오십 년이 가까워 온다. 한 때는 잘 그리고 잘 쓰기 위해 고심한 적도 있었으나 지금은 감정의 전달이 우선이다. 감정이 죽은 기능의 답습만으로는 마음이 편하지 않기 때문이다.

다만 붓에 의한 기운과 색채의 형상들이 자칫 시조의 깊이를 훼손할 수 있으리라는 염려를 지울 수가 없다. 인쇄체 작품을 따로 편집한 까닭이 여기에 있다.

2021년 가을에

민병도

CONTENTS

삶이란

PART 00 | 시인의 말 • 5

PART 01 | 제1부 • 11

001 오직 한 사람 • 12
002 낙화落花 • 14
003 하모니카 • 16
004 별 · 2 • 18
005 객석 • 20
006 한때, 꽃 • 22
007 봄비 • 24
008 어떤 통화 • 26
009 어머니와 광주리 • 28
010 들풀 • 30
011 댓잎 • 32
012 폐선 • 34
013 삶이란 • 36
014 참꽃 • 38
015 길 • 40
016 아침노을 • 42
017 처서 • 44

— 민병도육필단시조집

PART 02 | 제2부 • 47

001 목련 • 48

002 붓 • 50

003 돌의 서사敍事 • 52

004 아침 이슬 • 54

005 착각 • 56

006 별 · 1 • 58

007 빈 칸 • 60

008 포장지 • 62

009 새벽, 달 • 64

010 초설初雪 • 66

011 3월 • 68

012 3월의 뜰에 서면 • 70

013 모루 • 72

014 재 • 74

015 공암풍벽 • 76

016 하현下弦 • 78

017 입적入寂 • 80

018 서운암 • 82

PART 03 | 제3부 • 85

001 마침표 • 86
002 은하수 • 88
003 수선화에게 • 90
004 벙어리 번개 • 92
005 탈 • 94
006 입춘 • 96
007 극락암 • 98
008 너무 큰 집 • 100
009 뻐꾹새 • 102
010 그믐달 • 104
011 묵죽墨竹 • 106
012 그대 안에 • 108
013 매 • 110
014 귀뚜라미 • 112
015 꽃무릇 • 114
016 모란 • 116
017 하산 • 118
018 임종게臨終偈 • 120

PART 04 | 제4부 • 123

001 도라지꽃 • 124

002 꽃자리 • 126

003 바람의 시 • 128

004 홍매 • 130

005 물 • 132

006 진달래꽃 • 134

007 발자국 경전 • 136

008 용장사 삼층 석탑 • 138

009 꽃은 • 140

010 무량수전 • 142

011 성냥 • 144

012 강 • 146

013 귀거래사 • 148

014 무인도 • 150

015 물소리 동거 • 152

016 마애불 • 154

017 운문사 • 156

01

오직 한 사람
낙화
하모니카
별 · 2
객석
한때, 꽃
봄비
어떤 통화
어머니와 광주리
들풀
댓잎
폐선
삶이란
참꽃
길
아침노을
처서

오직 한 사람

세상의 모든 꽃이
내 것일 필요는 없다

세상 모든 사람이
다 내 편일 필요도 없다

눈 감고 서로를 보는
너 하나도 너무 많다

오직 한 사람

세상의 모든 꽃이
내것일 필요는 없다
세상 모든 사람이
다 내편일 필요도 없다
눈감고 서로를 보는
너 하나도 너무 많다

낙화落花

꽃이 지고서야 나는 문득, 꽃을 보네

네가 떠난 뒤에 비로소 널 만났듯

향기만 남은 하루가 천년 같은 이 봄날

꽃이 지고서야 나는 문득
꽃을 보네 네가 떠난
뒤에 비로소 널 만났듯
향기만 남은 하루가
천년 같은 이쁜 날

하모니카

풍랑에 발이 묶인
작은 배에 섬을 싣고

밤새워 별을 헤던
일기장을 걸어 나와

목 잠긴 파도 소리로
돌아오는 그 여자

하모니카

풍랑에 발이 묶인
작은 배에 섬을 싣고

밤새워 별을 헤던
일기장을 걸어나와

목 잠긴 파도소리로
돌아오는 그 여자

별 · 2

날 저문 꽃그늘에서 전화번호를 지운다
한 때를 설레게 한 떠난 그대, 보낼 이름
놓아준 이름이 가서 하늘 높이 반짝인다

별

날 저문 꽃그늘에서 전화번호를 지운다
한 때를 설레게 한 떠난 그대, 보낸 이름
놓아준 이름이 가서 하늘 높이 반짝인다

객석

잠 못 드는 깊은 밤에 물소리를 베고 누우면
울鬱도 분憤도 다 씻기고 내 몸도 텅 빈 객석
천지가 함께 숨죽여 무반주에 취한다

객석

잠 못 드는 깊은 밤에 물소리 베고 누으면
울도 불도 다 씻기고 내 몸도 텅 빈 객석
천지가 함께 숨 죽여 무한주에 취한다

한때, 꽃

네가 시드는 건
네 잘못이 아니다

아파하지 말아라
시드니까 꽃이다

누군들 살아 한때 꽃,
아닌 적 있었던가

네가 시드는 건
네 잘못이 아니다.
아파하지 말아라.
시드니까 꽃이다.
누군들 살아 한때 꽃
아닌 적 있었던가.

봄비

받침도 빼먹은 채

삐뚤삐뚤 써 내려간,

가다간 힘도 부쳐

그리움에 주저앉아

창가에 몰래 두고 간

어머니의 짧은 편지

봄비

받침도 빼먹은 채
삐뚤삐뚤 써 내려간

가다간 힘도 부쳐
그리움에 주저앉아

창가에 몰래 두고 간
어머니의 짧은 편지

어떤 통화

어둑어둑 날이 저문
운문사 공중전화

볼이 젖은 어린 스님
한 시간째 통화중이다

등 뒤엔 엿듣고 있던
별 하나가 글썽글썽

비련 통화

어둑어둑 날이 저문
운문사 공중전화

볼이 젖은 어린 스님
한 시간째 통화중이다

등 뒤엔 엿듣고 있던
별 하나가 글썽글썽

어머니와 광주리

닷새치 푸성귀를
팔러 가신 읍내 장날

어머니가 이고 오시던
늙은 광주리에는

새로 산 하얀 고무신,
반달이 졸고 있었다

어머니와 광주리

닭새끼 푸성귀를
팔러 가신 읍내 장날

어머니가 이고 오시던
낡은 광주리에는

새로 산 하얀 고무신,
반달이 좋고 있었다

들풀

허구한 날 베이고 밟혀
피 흘리며 쓰러져놓고

어쩌자고 저를 벤 낫을
향기로 감싸는지…

알겠네 왜 그토록 오래
이 땅의 주인인지

하찮 한낱 베이고 밟혀
뒤틀리며 쓰러져 놓고
어쩌자고 저를 벤 낫을
향기로 감싸는지
알겠네 왜 그토록 오래
이 땅의 주인인지

댓잎

칼을 간다 깊은 밤중에
달빛을 뿌리며 간다

누구를 치겠다고
병법兵法마저 뒤적이는지…

두어라 밤마다 치솟는 적의敵意,
서걱서걱 잘라낸단다

댓잎

칼을 간다 깊은 밤중에
달빛을 뿌려서 간다

누구를 치겠다고
벙벙마저 뒤척이는지…

들어라 밤마다 치솟는 적의,
서걱서걱 잘라 낸단다

폐선

뜨겁게 끌어안았던
강물을 뒤로 한 채

달빛만 가득 싣고
생을 마친 폐선 한 척,

자신이 건너갈 것도 아니면서
강을 놓지 못하네.

폐선

뜨겁게 끌어안았던
강물을 뒤로 한 채

달빛만 가득 싣고
생을 마친 폐선 한 척.

자신이 건너갈 것도 아니면서
강을 놓지 못하네.

삶이란

풀꽃에게 삶을 물었다
흔들리는 일이라 했다

물에게 삶을 물었다
흐르는 일이라 했다

산에게 삶을 물었다
견디는 일이라 했다

삶이란

풀꽃에게 삶을 물었다
흔들리는 일이라 했다

물에게 삶을 물었다
흐르는 일이라 했다

산에게 삶을 물었다
견디는 일이라 했다

참꽃

형 대신 징용 갔을
그 산길에 곱던 참꽃

올해도 어김없이
절며 오네 혈서처럼

남아서 부끄러운 사람,
한 명 한 명 안부를 묻네

행대신중용잖을그
산길에곱던참꽃
올해도어김없이질
며오네혈서처럼
님이시부끄러운사
람한명ㅊ안부를묻네

길

새벽 두시, 취한 내 영혼을 부축해 와서

초인종을 눌러주고는 돌아가지 못한 길 하나

밤 새워 비를 맞으며 기다리고 있구나.

길

새벽두시 취한 내 영혼을
부축해와 저 초인종을 울
려주고는 돌아가지못한
길하나 밤새워 비를 맞
으며 기다리고 있구나

아침노을

밤비에 플라타너스
인도 위로 쓰러졌다

행인들은 아무 말 없이
꺾인 가지를 밟고 지나고

노을이 작은 손수건 하나를
그 이마에 덮어 주었다

아침 노을

밤비에 플라타너스
인도 위로 쓰러졌다

행인들은 아무 말 없이
꺾인 가지를 밟고 지나고

노을이 젖은 손수건 하나를
그 이마에 덮어 주었다

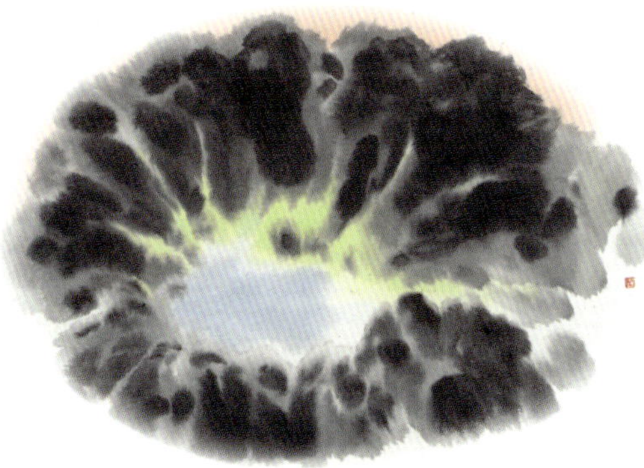

처서

매미소리 뚝 끊기고
수숫대 겅중대면

놀란 가슴 쓸어내리며
꽃들은 씨를 흩는다

덩달아 씨 한 톨 없이
나도 나를 흩는다

처서

매미소리 뚝 끊기고
수숫대 겅중대면

놀란 가슴 쓸어내리며
꽃들은 씨를 품는다

덩달아 씨 한 톨 없이
나도 나를 품는다

02

목련
붓
돌의 서사敍事
아침 이슬
착각
별 · 1
빈 칸
포장지
새벽, 달
초설初雪 –이미경의 가야금 소리
3월
3월의 뜰에 서면
모루
재
공암풍벽
하현下弦
입적入寂
서운암

목련

그리움을 건너기란
왜 그리 힘이 들던지

긴 편지를 쓰는 대신
집을 한 채 지었습니다

사흘만 머물다 떠날
저 눈부신 적멸의 집.

그리움을 건너기란
왜 그리 힘이 들던지
긴 편지를 쓰는 대신
집을 한 채 지었습니다.
사흘만 머물다 떠날
저 눈부신 적멸의 집

붓

누천년 날을 세워 마음 곳간 지켜 와도
엽전과 창칼 앞에 허리 한 번 굽힌 적 없네
이 땅의 새벽길 밝힌 칼보다도 시퍼런 붓

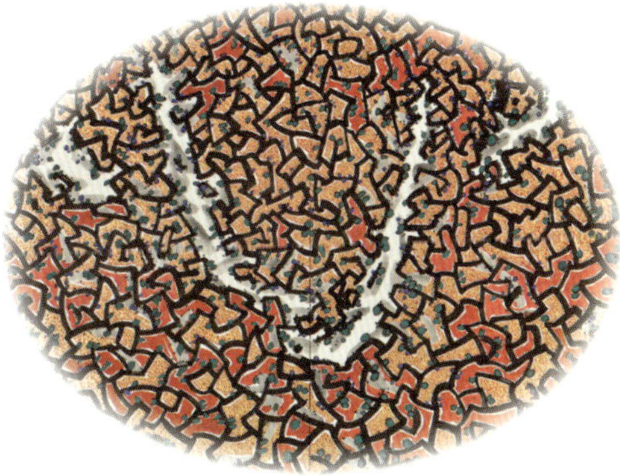

붓

누천년 날을 세워 마음곳
간 지켜 와도 엽전과 창칼
앞에 허리 한번 굽힌적 없
네 이땅의 새벽길 밝힌
칼 보다도 시퍼런 붓

돌의 서사敍事

반월성 돌 하나 주워
눈인사를 건넨다

한 나라를 팔아도
가질 수 없는 고요,

천년의 몸부림 이긴
서사시를 읽는다

돌의 敍事

반월성 돌 하나 주워
눈인사를 건넨다

한 나라를 팔아도
가질 수 없는 고요,

천년의 몸부림 이긴
서사시를 읽는다

아침 이슬

밤을 잊은 내 기다림
헛되이 시험마라

기약 없는 이별 앞에
뒷모습을 보이느니

차라리 옷깃을 잡고
너와 함께 젖고 싶다

아침 이슬

밤을 잊은 내 기다림
헛되이 시험마라

기약 없는 이별 앞에
뒷모습을 보이느니

차라리 옷깃을 잡고
너와 함께 젖고 싶다

착각

한 남자가 공원에서
비둘기 모이를 준다

몰려드는 날개 앞에
날아갈 듯 어깨 으쓱,

모이가 끝난 바닥에
똥만 남은 저물녘

착각

한 남자가 공원에서
비둘기 모이를 준다
몰려드는 날개 앞에
날아갈 듯 어깨 으쓱,
모이가 끝난 바닥에
똥만 남은 저물녘

별 · 1

아버지 베옷 입고
하늘 길 떠나시며

내가, 맨발인 내가
따라오지 못하도록

평생의 빈 소주병 부숴
천지사방 뿌리셨네

아버지 베옷 입고
하늘길 떠나시며
내가 맨발의 내가
따라오지 못하도록
평생의 보초병 부서
천지사방 뿌리 섰네

빈 칸

무슨 말로 채울까
망설이다 한 해 두 해

어머니는 유언 대신
빈 칸 하나 두고 갔다

이따금 낮달이 와서
눈물 적셔 닦는 창

빈 칸

무슨 말로 채울까
망설이다 한 해 두 해

어머니는 유언 대신
빈 칸 하나 두고 갔다

이따금 낮달이 와서
눈물 적셔 닦는 창

포장지

먹다 남은 생선뼈는 비닐봉지가 제격이다

비린내 감추려고 금종이에 싸지 마라

포장지 잘못 고르면 썩은 줄도 모른다

포장지

먹다 남은 생선뼈는 비닐 봉지가 제격이다

비린내 감추려고 금종이에 싸지 마라

포장지 잘못 고르면 썩은 줄도 모른다

새벽, 달

실오라기 하나 없는
허연 젖가슴으로

창을 슬쩍 넘어와
침대 몰래 누운 그대,

한 생애 다 저물도록
아, 황홀한 동침同寢

새벽、달

실오라기 하나 없는
허연 젖가슴으로

창을 슬쩍 넘어와
침대 몰래 누운 그대、

한 생애 다 저물도록
아、황홀한 동침

초설初雪

–이미경의 가야금 소리

첫눈과 사람들 사이
가야금이 놓이고

일순간 까만 암흑,
세상은 숨이 멎네

눈발이 덮어나가는
천상의 낮은 언덕.

첫눈과 사람들 사이
가야금이 놓이고
일순간 까만 암흑
세상은 숨이 멎네
눈발이 덮어 나가는
천상의 낮은 언덕

3월

누굴까 가만가만 창문을 흔드는 이

내 꿈의 깊은 서랍 몰래 열어보는 이

화들짝 늦은 잠 깨면 청매화 눈 뜨는 소리

3월

누굴까 가만가만 창문을 흔드는 이

내 꿈의 깊은 서랍 몰래 열어보는 이

화들짝 늦은 잠 깨면 청매화 눈 뜨는 소리

3월의 뜰에 서면

3월의 뜰에 서면
땅이 자꾸 들썩인다

이름도 성도 다른
민초들이 팔을 걷고

모두가 주인인 무정부,
건국 준비 한창이다

3월의 뜰에 서면

3월의 뜰에 서면
땅이 자꾸 들썩인다

이름도 성도 다른
민초들이 팔을 걷고

모두가 주인인 무정부,
건국 준비 한창이다

모루

두들겨라 두들겨라
세상이 꺼질 때까지

밤을 잊은 망치질에
뼈인들 못 내주랴

시뻘건 저 호미날 끝
소금꽃 필 때까지

모루

두들겨라 두들겨라
세상이 꺼질 때까지

밥을 잊은 망치질에
뼈인들 못 내주랴

시뻘건 저 호미날 끝
소금꽃 필 때까지

재

차마 나를 가진 채
너에게 갈 수 없어

한사코 나를 태우네
뼈마저 다 태우네

마침내 하나가 되는
그리움의 하얀 헛간

재

차마 나를 가진 채
너에게 갈 수 없어

한사코 나를 태우네
뼈마저 다 태우네

마침내 하나가 되는
그리움의 하얀 헛간

공암풍벽

동창천 가쁜 물살 무릎 아래 잡아두고
돌아돌아 가는 길이 때로는 지름길이라며
남 몰래 꼭꼭 숨겨둔 어머니의 당부 같은,

동장천 가쁜 물살
무릎 아래 잡아두고
돌아돌아 가는 길이
때로는 지름길이라며
남몰래 꼭꼭 숨겨둔
어머니의 당부같은

하현下弦

누가 이 깊은 밤 강의 책장 뒤적이나

굽이굽이 목을 꺾던 함성 다 잠재우고

울음을 울음에 묻은 물의 경전 읽고 있나

下弦

누가 이 깊은 밤 강의 책장 뒤적이나

굽이굽이 목을 꺾던 함성 다 잠재우고

울음을 울음에 묻은 물의 경전 읽고 있나

입적入寂

운문사 대웅전 뒤
이백 살 먹감나무

색즉시공 공즉시색,
마침내 숨을 거두고

선 채로 화엄을 건너
천둥소리 재우네

入寂

운문사 대웅전 뒤
이백 살 먹감나무

색즉시공 공즉시색,
마침내 숨을 거두고

선재로 화엄을 건너
천둥소리 재우네

서운암

사방팔방 오는 물음
들꽃으로 화답하는

영축산 장삼 자락,
가부좌로 앉은 절집

한 발만 들여놓아도
꽃물 들어 돌아간다

서운암

사방팔방 오는 물음
들꽃으로 화답하는

영축산 장삼자락、
가부좌로 앉은 절집

한 발만 들여놓아도
꽃물 들어 돌아간다

03

마침표

은하수

수선화에게

벙어리 번개

탈

입춘

극락암

너무 큰 집

뻐꾹새

그믐달

묵죽墨竹

그대 안에

매

귀뚜라미

꽃무릇

모란 -김옥균 생각

하산

임종게臨終偈

마침표

힘겹다고 함부로
마침표 찍지 마라

그리움도 설레임도
낡고 삭아 지겹지만

끝나도 끝나지 않은,
상처 안에 길 있으니

마침표

힘겹다고 함부로
마침표 찍지 마라
그리움도 설레임도
낡고 삭아 지겹지만
끝나도 끝나지 않은
상처 안에 길 있으니

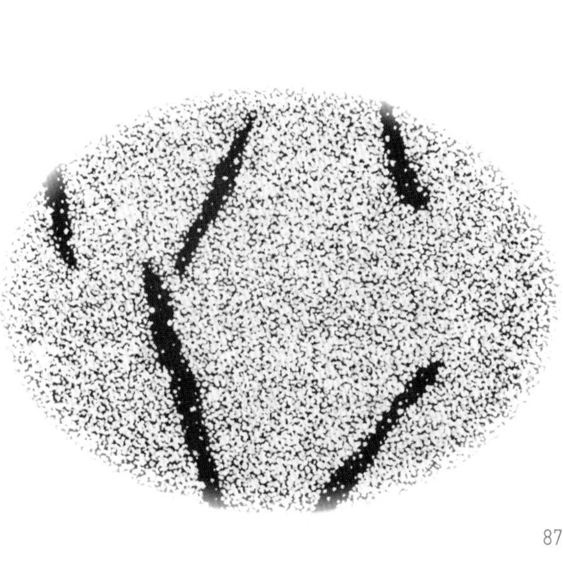

은하수

북만주 홀로 갇힌
마른 울음 들리는 밤

신발을 벗어들고
새벽하늘 걷노라면

대꽃 핀 마을로 갔나
뼈가 허연 발자국…

은하수

북만주 홀로 갇힌
마른 울음 들리는 밤

신발을 벗어들고
새벽하늘 건너라면

대꽃 핀 마을로 갔나
뼈가 허연 발자국…

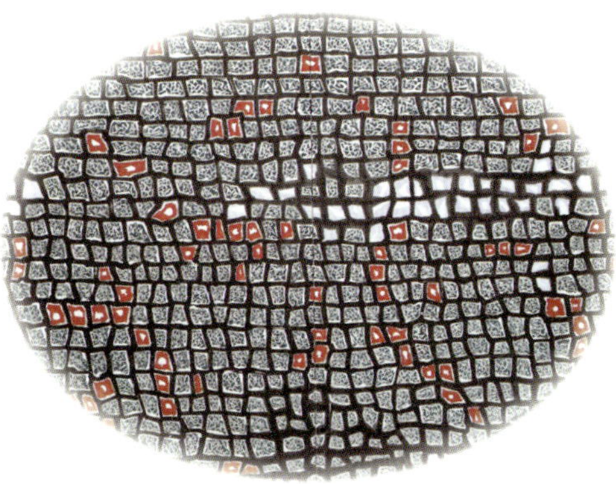

수선화에게

칼바람 껴안은 채 긴 겨울을 건넜구나
혀 깨물며 감추려한 그리움의 노란 진물,
그래도 흔들리는 건 네가 꽃인 까닭이다

칼바람 껴안은 채
그 겨울을 건넜구나
허깨불며 감추려 한
그리움의 노란 진물
그래도 흔들리는 건
네가 꽃의 까닭이다

벙어리 번개

지축을 찢어놓고 뒤흔드는 천둥소리
파르르 몸을 떠는 풀벌레와 들꽃 보며
멋쩍게 산문을 나가 게워내는 헛구역질

벙어리 번개

지축을 찢어놓고 뒤흔드는 천둥소리
파르르 몸을 떠는 풀벌레와 들꽃 보며
멋쩍게 산문을 나가 게워내는 헛구역질

탈

선비탈을 쓴다고 여우가 양이 되랴
백정이나 초랭이나 탈은 늘 정직하다
함부로 제 몰골 뒤에 슬쩍 숨지 않는다

탈

선비탈을 쓰다고 여우가 양이 되랴
백정이나 호랭이나 탈은 늘 정직하다
함부로 제 몰골 뒤에 슬쩍 숨지 않는다

입춘

볼 야윈 새 한 마리
앉았다 간 빈 가지 끝

참아온 미소처럼
매화꽃이 터진다

도대체
어떤 경전을
읽어주고 간 걸까

입춘

봄 야윈 새 한 마리
앉았다 간 빈 가지 끝

참아온 비소리럼
매화꽃이 터진다

도대체 어떤 경전을
읽어주고 간 걸까

극락암

숨길 수 없는 죄를
한 짐 가득 지고 와서

내려놓지 못한 채
빈 마당을 에돌자니

빙그레
연꽃 한 송이
지다 말고
빙
그
레

숨길 수 없는 죄를
한짐 가득 지고 와서
내려놓지 못한 채
빈 마당을 에돌자니
방그레 연꽃 한 송이
지다 말고 방그레

너무 큰 집

적막에 턱을 괴고
살구꽃 환한 봄날

혼자 남은 아버지가
바가지에 쌀을 씻는다

이승의
남은 집 한 채,
새소리도 끊겼다

너무 큰 집

적막에 턱을 괴고
살구꽃 환한 봄날

혼자 남은 아버지가
바가지에 쌀을 씻는다

이승의 남은 집 한 채,
새소리도 끊겼다

뻐꾹새

지난 여름 짜다가 둔
그 베틀에 또 누가 앉나

필 남짓 짧은 생애
터진 실로 잣아오신

어머니
목쉰 추임새
혀도 바싹 말랐다

뻐꾹새

지난 여름 짜다가 둔
그 베틀에 또 누가 앉나

필 남짓 짧은 생애
터진 실로 잣아오신

어머니 목쉰 추임새
혀도 바싹 말랐다

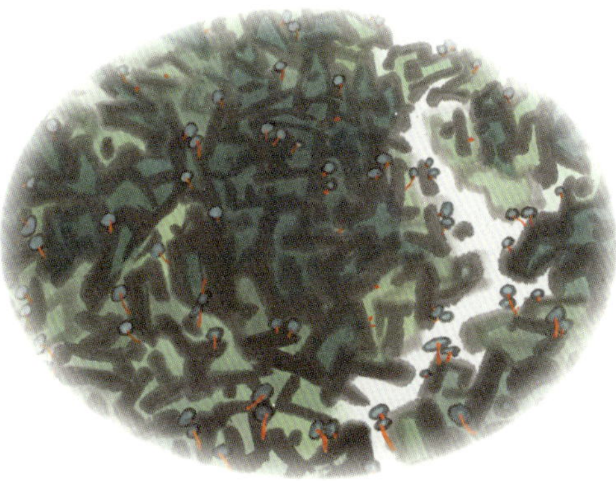

그믐달

애비가 준 이름 석 자 받침 붙여 읽지 못해도
제 속살 다 파내어 자식한테 바친 어머니,
굶을라 고뿔이 들라 창을 몰래 기웃대네

그 봄날

애비가 준 이름 석자 받침 붙여 읽지 못해도
제 속살 다 파내어 자식한테 바친 어머니,
굶을라 고뿔이 들라 창을 볼래 기웃대네

묵죽墨竹

창검이 놓친 길을
언제 다 익혔을까

잎새마다 일어서는
푸른 역심逆心 주저앉히고

일체의 미동微動도 끊은
꼭두새벽 기침소리

물새

창결에 놓친 길을
언제 다 익혔을까

날새마다 일어서는
푸른 엿섬 주저앉히고

일체의 미동도 끊은
꼭두새벽 개찰소리

그대 안에

흔들리는 날에는
가슴에 나무를 심었다

더욱 흔들리는 날엔
나무 안에 나를 심었다

촛불을 삼키고 섰는
그대 안에 별을 심었다

흔들리는 날에는 가슴에 나무를 심었다. 더욱 흔들리는 날엔 나무 안에 나를 심었다. 촛불을 삼키고 있는 그대 안에 별을 심었다.

매

늙은 매 한 마리
까치에게 쫓기고 있다

그 설마 떼거리로
까치가 덤빌 줄이야

새끼가 무안할까봐
절룩이며 나는 매

매

늙은 매 한 마리
까치에게 쫓기고 있다

그 설마 떼거리로
까치가 덤빌줄이야

새끼가 무안할까 봐
절룩이며 나는 매

귀뚜라미

눈물로도 피치 못할
이별이 있나 보다

필 남짓 달빛 끊어
옷을 짓는 귀뚜라미

밤 새워 짓다가 풀다가
피가 묻은 새벽하늘

귀뚜라미

눈물로도 피지 못할
이별이 있나보다

필 남짓 달빛 끝에
울음 짓는 귀뚜라미

밤새워 짓다가 울다가
피가 묻은 새벽하늘

꽃무릇

우체부가 돌아간 뒤
꽃무릇이 피었습니다

일생토록 감춰온
마음속 붉은 화농,

꿈엔듯 도려내어서
바람결에 흩습니다

꽃무릇

우체부가 돌아간 뒤
꽃무릇이 피었습니다

일생토록 감춰온
마음 속 붉은 화농.

곪엔듯 도려내어서
바람결에 흩습니다

모란
–김옥균 생각

궐 밖에 몰래 지은
들보 없는 꿈의 신궁新宮

숨겨온 붉은 향기
담을 넘고 말았구나

바람에 맞서보았던
피 말린 3일 천하

길밖에 몰래지은
들보없는 꿈의 新宮
숨겨온 봄은 향기
담을 넘고 말았구나.
바람에 맞서보았던
피말린 3일천하.

하산

내려오기 어려운 줄
올라갈 땐 몰랐네

잠시 머문 풀꽃방석,
조아리는 꽃을 두고

지금은 내려가야 할 때
발자국도 지워야 해

하산

내려오기 어려운 줄
올라갈 땐 몰랐네

잠시 머문 들꽃방석,
조아리는 꽃을 두고

지금은 내려가야 할 때
발자국도 지워야 해

임종게臨終偈

말매미 찢긴 울음이
바위를 뚫는 찰나

숨죽여 조아리는
꽃과 새와 빛과 바람

짧아서 후회 없다는
반어법을 듣는다

臨終偈

말매미 찢고 울음이
바위를 뚫는 찰나
숨죽여 조아리는
꽃과 새와 빛과 바람
짧아서 후회 없다는
반어법을 듣는다.

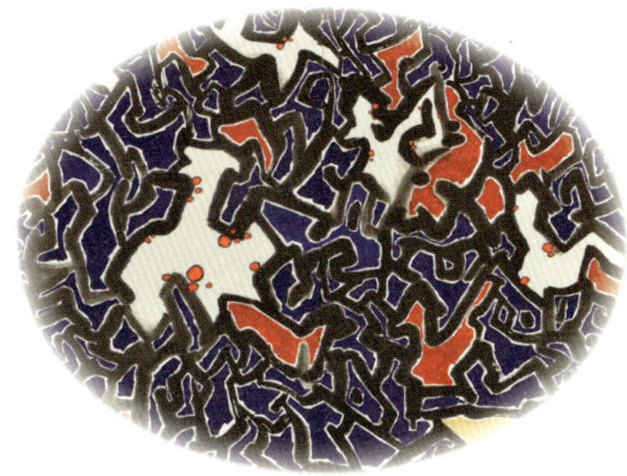

04

도라지꽃
꽃자리
바람의 시
홍매
물
진달래꽃
발자국 경전
용장사 삼층 석탑
꽃은
무량수전
성냥
강
귀거래사 –횡재
무인도
물소리 동거
마애불
운문사

도라지꽃

별러온 말이라고 어찌 다 하고 살리
가슴도 반만 펴고 미소도 반만 짓고
새파란 하늘 한 가득 천둥소리 들을 뿐

도라지꽃

별러온 말이라고 어찌 다 하고 살리
가슴도 반만 펴고 미소도 반만 짓고
새파란 하늘 한 가득 천둥소리 들을 뿐

꽃자리

피는 꽃에 홀리면
지는 꽃은 깜빡하지

잠시 앉는다고
다 내 자리 아니다

꽃자리 향기로울 때
서둘러 일어서야지

꽃자리

피는 꽃에 홀리면
지는 꽃은 깜빡하지

잠시 앉는다고
다 내 자리 아니야

꽃자리 향기로울 때
서둘러 일어서야지

바람의 시

바람의 시를 읽다 나를 보고 말았다
일생을 바치고도 잔고가 없는 통장,
갖지도 못할 거면서 헛되이 꽃을 꺾던…

바람의 詩

바람의 시를 읽다 나를 보고 말았다

일생을 바치고도 잔고가 없는 통장、

갖지도 못할 거면서 헛되이 꽃을 꺾던

홍매

기다림에 발이 저린
조선의 외딴 절터

읽다 만 경전 태워
언 몸을 녹였다던

매월당 손 깨물어 쓴
미완의 붉은 종장!

기다림에 발이 저린
조선의 외딴 절터
읽다만 경전 데워
언 몸을 녹였다던
매월당 손깨물이 슨
미완의 붉은 총장

물

세모다가 네모다가
시리다가 뜨겁다가

한 번도 제 모습을
지녀볼 요량도 없이

언제나
생명의 중심에
공손히 엎드리는

물

세모다가 네모다가
시리다가 뜨겁다가

한 번도 제 모습을
지녀볼 요량도 없이

언제나 생명의 중심에
공손히 엎드리는

진달래꽃

문수선원 가는 길에
한 동자童子를 만났네

개울물을 건너가자
홀연히 제 몸 흩어

적막에 불을 붙이네
길도 절도 다 태우네

진달래꽃

무주시원가는길에
한홍지를만났네
개울물을건너기자
홀연히제몸흩어
적막에불을붙이네
골도절도다테우네

발자국 경전

지고 온 짐 도로 지고 마음 달랜 사경寫經이다

대왕암 바닷가의 어지러운 발자국들

파도가 읽다 밀쳐둔 화엄의 경전이다

발자국 경전

지고 온 짐 도로 지고 마음달랜 사경이다
대왕암 바닷가의 어지러운 발자국들
파도가 읽다 덮쳐둔 화엄의 경전이다.

용장사 삼층 석탑

낮달과 사람 사이
돌을 쪼아 목숨 쪼아

하늘 뜻 기다리는
천년의 부신 고요,

뻐꾸기 목을 잦추다
똥만 찔끔 싸고 간다

용장사 삼층 석탑

낮달과 사람 사이
돌을 쪼아 목숨 쪼아

하늘 뜻 기다리는
천년의 부신 고요,

뻐꾸기 목을 갖추다
똥만 철꿈 싸고 간다

꽃은

향기 듬뿍 품은 채
하늘을 다 차지해도

꽃은 제 스스로
꽃이라 하지 않는다

바람 뜻 은밀히 살펴
소리 없이 흔들릴 뿐

향기 듬뿍 품은 채
하늘을 다 차지해도
꽃은 제 스스로
꽃이라 하지 않는다.
바람 뜻은 몰히 슬퍼
소리 없이 흔들릴 뿐

무량수전

한 평생 지게질로
적막 한 채 지을거나

꽃이 피면 꽃밥 짓고
달이 뜨면 달술 빚어

가부좌 틀고 앉아서
죽어도 죽지 않는,

無量壽殿

한 평생 지게질로
적막 한 채 지을거나

꽃이 피면 꽃밥 짓고
달이 뜨면 달술 빚어

가부좌 틀고 앉아서
죽어도 죽지 않는。

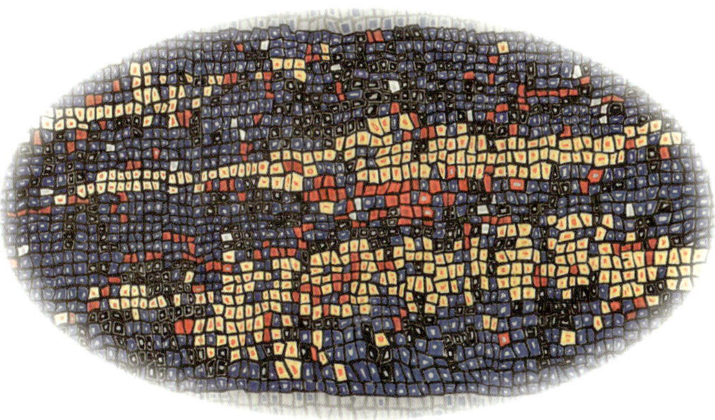

성냥

아서라 두려워 마라
목숨인들 네 것이더냐

벼락처럼 돌진하여
온 몸에 불이 붙거든

삼천리 민초의 울화,
화알활 태우거라

성냥

아서라 두려워 마라
목숨인들 네 것이더냐

벼락처럼 돌진하여
온 몸에 불이 붙거든

삼천리 민초의 울화,
화알활 태우거라

강

마을과 마을 사이 풀어 던진 쪽빛 고름

못 꿰맬 깊은 상처 누가 알기나 하리

무참히 밟고 지나간 원수를 끌어안다니

강

마을과 마을 사이 풀어 던진 쪽빛 고름

못 꿰맬 깊은 상처 누가 알기나 하리

무참히 밟고 지나간 원수를 끌어안다니

귀거래사
–횡재

전세 값과 화선지 값, 쌓이는 책 감당 못해
시골로 이사 하면서 나도 부자 되었네
별 열 말 물소리 천 섬, 덤으로 온 달빛 만평

귀거래사

전세 값과 화선지 값
쌓이는 책 감당 못해

시골로 이사 하면서
나도 부자 되었네

별 열 말 물소리 천 섬、
덤으로 온 달빛 만평

무인도

왜 여태 몰랐을까
나 또한 섬이었음을

그리움 후송해갈
배 한 척도 오지 않고

파도에 마음 베이는
뼈 하얀 저 무인도

왜 여태 몰랐을까.
나 또한 섬이었음을
그리움 흐송 해길
배 한 척도 오지 않고
파도에 마음 베이는
뼈 하얀 저무이다

물소리 동거

낙향 사흘 만에 그녀를 처음 만났네

월담한 달빛보다 목이 길고 손이 하얀,

스무 해 손잡지 못해도 아직도 늘 '첫'이네

물소리 듣기

낙향 사흘 만에 그녀를 처음 만났네

월담한 달빛보다 목이 길고 손이 하얀,

스무 해 손잡지 못해도 아직도 늘 '첫'이네

마애불

천 년 째 노숙 중인
바람의 주막이네

늙은 댓돌에 놓인
가지런한 달의 신발,

어설픈 내 합장으로는
문지방도 넘지 못하네

마애불

천 년 째 노숙중인
바람의 주막이네

늙은 댓돌에 놓인
가지런한 달의 신발,

어설픈 내 함장으로는
문지방도 넘지 못하네

운문사

구름의 문을 열고
적막을 기둥 세워

잠 못 드는 물소리에
무릎 꿇은 절집 있어

달빛을 닮은 사람만
문지방을 넘는다.

운문사

구름의 문을 열고
적막을 기둥 세워

잠 못 드는 물소리에
무릎 꿇은 절집 있어

달빛을 밟은 사람만
문지방을 넘는다

05

민병도 약력

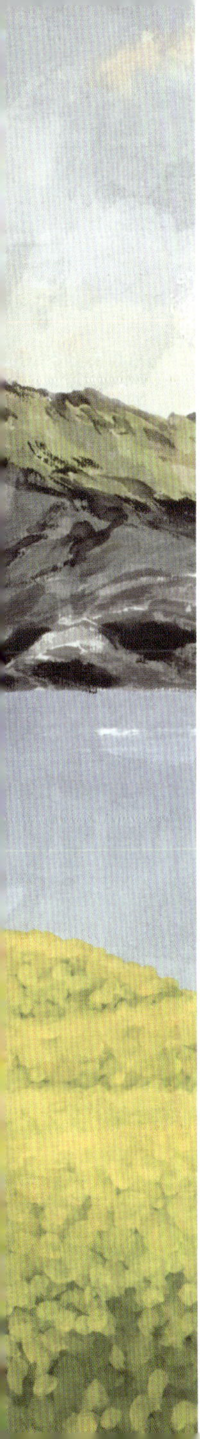

민 | 병 | 도 | 閔炳道 | Min Byeong Do

— 문학 약력

- 경북 청도에서 출생(1953년), 영남대학교 미술대학 및 대학원 졸업
- 《한국일보》 신춘문예로 등단(1976년), 《시문학》 천료(1978년)
- 영남대, 대구예술대, 대구대 대학원에서 강의
- 첫 시집 『설잠雪岑의 버들피리』(흐름사, 1985)이후 『숨겨둔 나라』(자유시, 나남출판사 기획), 『갈 수 없는 고독』(동학사), 『무상無常의 집』(그루출판사 기획), 『만신창이의 노래』(자유시, 박우사 기획), 『지상地上의 하루』(시조선집, 송정출판사), 『불이不二의 노래』(장시, 송정출판사), 『섬』(송정출판사),『청동의 배를 타고』(시조선집, 태학사), 『슬픔의 상류』(동학사), 『마음저울』(목언예원), 『내 안의 빈집』(목언예원), 『원효』(목언예원), 『들풀』(목언예원), 『장국밥』(시인생각), 『칼의 노래』(목언예원), 『청동물고기靑銅魚』(일역시조집, 목언예원), 『한때, 꽃』(중역시조집, 목언예원), 『노을이 긴 팔을 뻗어』(동시조집, 목언예원), 『만파식적』(시조선집, 목언예원), 『부록의 시간』(목언예원), 『은행나무 숟가락』(동시조집, 목언예원), 『일어서는

풀』(목언예원, 2021)을 발간

- 1998년 시화집 『매화 홀로 지다』(송정출판사) 이후 『흐르는 강물처럼』(목언예원) 발간
- 2002년 시조평론집 『형식의 해방공간, 그 실험의지』(목언예원) 이후 『닦을수록 눈부신 3장의 미학』, 『비정형의 정형화』, 『시조의 정형성에 대한 새로운 이해』 발간
- 2005년 첫 수필집 『고독에의 초대』(목언예원)이후 『꽃은 꽃을 버려서 열매를 얻는다』, 『강물은 자신을 밟고 길을 낸다』 발간
- 1991년~ 제1회 한국시조작품상을 수상한 후로 정운(이영도)시조문학상, 중앙시조대상, 월간문학 동리상, 가람시조문학상, 한국문학상, 금복문화상(문학), 김상옥시조문학상(통영문학상), 외솔시조문학상 등 수상
- (사)한국시조시인협회 이사장, (사)한국문인협회 시조분과회장, 대구시조시인협회 회장, 청도예총회장을 지냄
- 현재, (사)국제시조협회 이사장. 이호우 · 이영도문학기념회 회장(문학상운영위원장), 《개화》 발행인, 계간 《시조21》 발행인, 〈목언예원출판사〉 대표, 모산慕山학술재단 이사, 청도우리정신재단 이사, 예술공간 〈목언예원〉 주재

— 미술 약력

- 1999-2001년 대구미술협회 회장
- 2004-2006년 한국미술협회 부이사장
- 대한민국 미술대전 초대작가, 운영위원, 심사위원 역임
- 대구광역시 미술대전 심사위원장, 운영위원장 역임
- 경북도전, 정수미술대전 초대작가, 심사위원, 운영위원 역임
- 광주시전, 울산시전, 전남도전, 신라미술대전, 개천미술대전, 성산미술대전, 무등미술대전, 삼성현미술대전, 단원미술대전, 한국화 특장전 등 심사 · 운영위원 역임
- 이인성미술상 운영위원, 심사위원 역임
- 대구미술대전 초대작가상 수상
- 2014년 〈미술세계작가상〉 수상

— 개인전

- 서울, 대구, 부산, 안동, 중국 등 27회 개최

— 단체전, 초대전, 국제전 500여회

- 전남국제수묵비엔날레(목포문화예술회관, 목포, 2018)
- 소치 탄생 200년 기념 초대작가전(소전미술관, 진도, 2008)
- 예술의 동질성전(전남 문화예술회관, 목포, 2003)
- 여름 속의 겨울전(대전시립미술관, 대전, 2001)
- 움직이는 미술관전(국립현대미술관, 서울, 2000)
- 대구미술 100년전(문화예술회관, 대구, 2000)
- 대구미술 70년 역사전(문화예술회관, 대구, 1997)
- 한국전통산수화 소장작가전(국립현대미술관, 서울, 1996)
- 봉산미술제, 서울 화랑미술제 출품
- 1985~ 경상북도 미술대전 추천, 초대작가 출품
- 1989~ 대구광역시 미술대전 초대작가 출품

- 현재, 대구미술협회 고문, 민병도갤러리 대표